AF391307

EDICT DV ROY,

PORTANT SVPPRESSION

des Offices de Receueurs des Espices,
créez és années 1581. & 1586. Et reü-
nion desdits Offices à ceux des Greffiers & Maistres Clercs des Greffes.
Auec attribution de deux sols pour liure de toutes les Espices qui se payent
pour le rapport des Procez.

*Verifié en Parlement, Chambre des Comptes
& Cour des Aydes, le 28. Iuin, 1627.*

A PARIS,

Par A. ESTIENE, P. METTAYER
& C. PREVOST, Imprimeurs
ordinaires du Roy.

M. DC. XXVII.

Auec Priuilege de sa Majesté.

LOVYS, par la grace de Dieu, Roy de Fráce & de Nauarre, A tous presens & aduenir, Saïut. Combien que nous ayons esté diuerses fois suppliez par plusieurs nos Sujets, de pouruoir aux Offices de Receueurs & payeurs des Espices des Cours de Parlements, Chambres des Comptes , Cours des Aydes, Requestes de l'Hostel & du Palais, & de toutes autres Iurisdictiõs Souueraines & Subalternes de nostre Royaume , en consequence des Edicts de la creation d'iceux, dés mois de Iuillet mil cinq cents quatre-vingts vn, & Iuin mil cinq cents quatre-vingts six, deuëment verifiez & registrez, vaquans par mort, for-

A

faitture ou autrement , mefmes és
lieux où ils n'ont efté eftablis, comme eftans tres-vtiles & neceffaires
pour le bien de nos fujets, & pour
autres raifons deduittes en noftre
Confeil; Nous n'y auons voulu en-
tendre, quoy que ce fut au preiudice
& diminution du fonds de nos parties cafuelles & en vn temps où l'vr-
gente neceflité de nos affaires nous
preffoit d'auoir recours aux moyens
extraordinaires pour fupporter la
dépenfe qu'il nous conuenoit faire,
afin de repouffer les mauuais def-
feins de ceux qui vouloient trou-
bler noftre Eftat: ains fouffert que
l'execution defdits Edicts ayt efté
furcife, pour le defir que nous auons
de foulager noftre peuple. Mais
apres auoir efté bien informez que
nos fubiets ne profitoient de rien
en ladite furfeance, & qu'ils payent

souuent au double tant lesdittes
Espices que le droict attribué aufdits Receueurs & payeurs des Espices, par les fufdits Edicts, fans qu'il
en foit alloüé aucune chofe és taxes
& declarations de defpens; ce qui
leur tourne en pure perte, parce que
ceux qui font la recépte defdittes
Efpices,& autres qui s'en entremet-
tent fans aucune charge, le leuent
fous diuers pretextes, le déguifant
par d'autres noms, au preiudice de
noftre authorité, dommage de nos
fubiets, & contre l'intention de nos
Edicts & Ordonnances, ainfi que
nous auons recognu par les me-
moires qui nous ont efté prefentez. Pour à quoy remedier ayant
mis l'affaire à la deliberation de noftre Confeil, NOVS DE L'ADVIS
d'iceluy, & de noftre certaine fcien-
ce, pleine puiffance & authorité

A iij

Royale , Avons par ceſtuy noſtre
Edict perpetuel & irreuocable,ſup-
primé & ſupprimons tous leſdits
Offices de Receueurs & Payeurs an-
ciés & alternatifs deſdittes Eſpices,
creés par leſdits Edicts des mois de
Iuillet mil cinq cents quatre-vingts-
vn,& Iuin mil cinq cés quatre-vingt
ſix:Voulons que ceux qui ſe trouue-
ront encores en exercice d'aucuns
deſdits Offices , ſoient rembourſez
de la finance qu'ils ont actuellemét
payée en nos coffres,ſans fraude ou
déguiſement,ſuiuant la verification
qui en ſera faitte,auec leurs frais &
loyaux couſts , ſur les deniers qui
prouiendront de l'attribution cy-
apres mentionnée. Et parce qu'il
ſeroit indecent que noſdits Officiers
de Iudicature, receuſſent eux meſmes par les mains des parties, les Eſpices taxées à leurs rapports, & en

fuſſent comptables à leurs Confre-
res, & toutefois tres-neceſſaire d'en
tenir bon & fidele regiſtre, afin que
noſdits Conſeillers & Iuges ne
ſoient fruſtrez de leurs Eſpices, Nous
ordonnons que les meſmes Greffiers & Clercs des Greffes tant ciuils
que criminels, qui ont accouſtumé
& doiuent receuoir leſdites Eſpices
tant en noſdites Cours de Parlemens, Chambres des Cõptes, Cours
des Aydes, Requeſtes de l'Hoſtel&du
Palais, Cour des Monnoyes, Bureau
des Finances, Sieges Preſidiaux, Bail-
liages, Seneſchauſſees, Elections,
Sieges de la Table de Marbre, & de
toutes autres nos Iuriſdictions Souueraines & Subalternes, de quelque
qualité qu'ils ſoiét & puiſſent eſtre,
ſans aucune excepter ny reſeruer,
bien qu'elles ne ſoient cy exprimées;
en facent d'oreſnauant & à touſiours

la Recepte, & en tiennent bon & fidele regiftre, & tel autre ordre que nofdits Officiers aduiferont bon eftre ; & foient fujets de fe rendre aux iours, lieux & heures qui leur feront par eux prefcrittes pour en faire le payement. Et pour leur donner fujet de vaquer en toute diligence & fidelité à l'exercice defdites charges, au lieu de trois cents liures de gages, & deux fols pour liure qui eftoient attribuez aufdits Receueurs & Payeurs anciens & alternatifs des Efpices par les fufdits Edicts de mil cinq cens quatre vingt-vn, & quatre vingt-fix, Nous auons aufdits Greffiers & Clercs des Greffes, attribué & attribuons par ces prefentes, deux fols pour liure feulement, de tous les deniers qu'ils receuront à caufe defdites Efpices, fans qu'ils puiffent pretendre

tendre aucuns gages, pour en ioüir
hereditairement, moyennant la Finance qu'ils feront tenus nous payer
fuiuant la taxe qui en fera modere-
ment faitte en noftre Confeil. Les
deniers de laquelle taxe nous enten-
dons eftre employez à la conftru-
ction & baftiment d'vn Pont double & maifons de pierre de taille où
eftoit celuy au Change & aux Mar-
chands, pour la commodité publi-
que & decoration de noftre bonne
ville de Paris, fuiuant les Plants qui
feront prefentez par deuant les Có-
miffaires generaux des ouurages
publics & arreftez en noftre Cófeil.
Et en cas qu'il refte des deniers, nous
les auons affectez & affectons à la
defpenfe qu'il conuient faire pour
paracheuer la grand' Sale du Palais,
& payer ce qui eft deu aux ouuriers
qui ont trauaillé pour la conftru-

ction d'iceluy , & pour les Basti-
ments de l'Hostel Dieu, necessitez
des pauures enfermez, pain des pri-
sonniers de la Conciergerie, & autres necessitez publiques , suiuant
l'estat qui en sera dressé en nostre
dit Conseil. Lequel droict de deux
sols pour liure , nous auons vny &
incorporé, vnissons & incorporons
aux offices de Greffiers , Clercs de
Greffes, & autres officiers qui en font
ou feront la recepte, pour en ioüir
hereditairement, leurs heritiers, suc-
cesseurs & ayans cause, sans qu'ils
en puissent estre dépossedez, sinon
en les remboursant en vn seul &
actuel payement, tant de la finance
payée pour l'attribution de deux
sols pour liure, que de celle payée
en nos Coffres pour lesdits offices,
frais & loyaux cousts. Et où lesdits
Greffiers, Clercs de Greffes & autres

officiers à qui ledit droit eſt attribué,
ſeroient refuſants de payer ladite
taxe quinze iours apres la ſignifica-
tion & commandement qui en ſera
fait à leur perſonne ou domicile,
Nous ordonnons qu'il ſera procedé
à la vente & reuente deſdits Greffes
& places de Clercs aux Greffes, con-
jointemét auec ledit droiȼt de deux
ſols pour liure, par les Commiſſai-
res qui à cette fin ſeront par nous
deputez , au plus offrant & dernier
encheriſſeur, par ſimples encheres,
tiercements & doublements en la
maniere accouſtumée. A condition
de rembourſer leſdits Greffiers &
Clercs de Greffes de la Finance
qu'ils ont actuellement payée ſans
fraude & deſguiſement pour leurſ-
dits offices , ſuiuant la verification
qui en ſera faitte auant qu'ils en
puiſſent eſtre depoſſedez. Et pour

B ij

empefcher qu'il ne s'exige dorefna-
uant autre droict que lefdits deux
fols pour liure, pour la recepte &
payement defdittes Efpices, nofdits officiers y apporteront le re-
glement à ce requis & neceffaire.

Sɪ ᴅᴏɴɴᴏɴs ᴇɴ ᴍᴀɴᴅᴇᴍᴇɴᴛ à
nos amez & feaux Confeillers, les
gés tenans nos Cours de Parlemens,
Chambres des Comptes, Cour des
Aydes, & tous autres qu'il appar-
tiendra, que cétuy noftre prefent
Edict, il façent lire, publier, regi-
ftrer, garder, entretenir & obferuer de poinct en poinct felon fa for-
me & teneur, fans faire, ny fouffrir
eftre faict, mis ou donné aucun
trouble ou empefchement au con-
traire. Enioignós auffi à nos Procu-
reurs generaux efdites Cours, reque-
rir l'enterinement de noftre dit
Edict, & iceluy faire publier & re-

giftrer, garder & obferuer chacun
en l'eftenduë de leurs refforts & iu-
rifdictions. Et s'il interuient aucune
oppofition, appellation, ou autre
empefchement à l'execution du
prefent Edict, nous en auons refer-
ué à nous & à noftre Confeil, la co-
gnoiffance, la defendant à tous autres Iuges: CAR tel eft noftre plaifir:
Nonobftant quelconques Edicts,
Ordonnances, Reglemens, Sta-
tuts & Couftumes à ce contraires,
aufquelles & aux derogatoires des
derogatoires, nous auons derogé &
derogeons par ces prefentes. Et parce que de cefdittes prefentes on au-
ra affaire en plufieurs lieux, Nous
voulons qu'au Vidimus d'icelles,
deuëment collationné par l'vn de
nos amez & feaux Confeillers, No-
taires & Secretaires, foy foit adiou-
ftée comme au prefent original. Et

afin que ce foit chofe ferme & fta-
ble à toufiours , nous auons fait
mettre noftre feel à cefdittes prefentes. DONNE' à Nantes au mois
de Iuillet, l'an de grace mil fix cents
vingt-fix, & de noftre regne le dix-
feptiefme. Signé, L O V I S, Et
fur le reply , Par le Roy , D E
LOMENIE, & àcofté, Vifa: Et feellé
du grand feau de cire verte en lacs
de foye rouge & verte. Et encore eft
écrit :

*Leu, publié & regiftré, Ouy & ce requerant
le Procureur General du Roy, A Paris, en Parlement , le Roy y feant , le vingt-huictiéme
iour de Iuin, mil fix cens vingt-fept.*

Signé,   DV TILLET.

*Leu, publié & regiftré en la Chambre des
Comptes, Ouy le Procureur General du Roy,
par le commandement de fa Majefté, porté par
Monfeigneur fon frere, venu expres en ladite
Chambre , affifté des Sieurs Duc de Belle-*

garde Cheualier de ſes Ordres, de Champigny
& de Leon, Conſeillers en ſes Conſeils d'Eſtat
& Priué, le vingt-huictiéme iour de Iuin
mil ſix cens vingt-ſept.

Signé,   BOVRLON.

Leu, publié & regiſtré par le commandement du Roy, porté par Monſieur Frere vni-
que dudit Seigneur, aſſiſté du Sieur de Belle-
garde, Cheualier des Ordres de ſa Majeſté, &
des Sieurs de Champigny & de Leon, Conſeillers en ſes Conſeils d'Eſtat & Priué, Ouy
& ce conſentant le Procureur General de ſa-
dite Majeſté: A Paris en la Cour des Aydes,
les Chambres aſſemblées, le vingt-huictiéme
iour de Iuin mil ſix cens vingt-ſept.

Signé,   DE LAISTRE.

Collationné aux Originaux par moy Con-
ſeiller & Secretaire du Roy.

www.ingramcontent.com/pod-product-compliance
Lightning Source LLC
LaVergne TN
LVHW020904200726
843508LV00003B/1331